月居良子の
一年中の
パンツ & スカート

文化出版局

Contents

Photo p. ■ How to make p.

作りはじめる前に
—— p.32

01

**How to make
p.34**

02
How to make
p.38

03

How to make
p.37

04
How to make
p.46

05

How to make
p.40

06

How to make
p.42

07

**How to make
p.44**

08

How to make
p.47

09

How to make
p.48

10

How to make
p.49

11

How to make
p.50

12

How to make
p.52

13

How to make
p.54

14

How to make
p.56

15
How to make
p.53

16

How to make
p.58

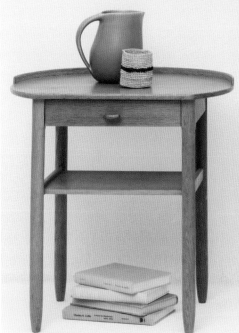

17

How to make
p.60

18

How to make
p.62

19

How to make
p.64

20
How to make
p.66

21

How to make
p.68

22

How to make
p.63

23

How to make
p.70

24

How to make
p.72

25
How to make
p.74

26

How to make
p.76

27

How to make
p.78

作りはじめる前に

＊この本のパターンにはすべて縫い代が含まれています。

マーカーペンで線をなぞる

自分のサイズを **p.33** の「参考寸法表」で確認し、該当サイズの太い輪郭線をマーカーペンでなぞる。

パンツ丈を確認する

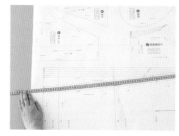

手持ちの好みのパンツの長さをはかり、それに合わせてパターンを確認して長さを決める。＊いろいろな型で使えるように、外側のワイドパンツ、いちばん長い裾線を切る。

途中のものは折って使う

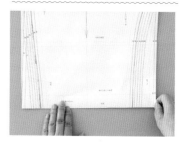

丈が短い途中のパンツは、パターンを裾線で折る。

細身のテーパードパンツは

 →

股下はカーブの部分だけを切る。

直線部分は内側に折り込む。

裁断し終えたら

 →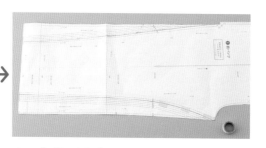

内側に折った部分は元に戻して平らにし、切ったところはきれいに突き合わせてマスキングテープを貼る。

カーブの切った部分にマスキングテープを貼ったところ。こうすれば、幅広のワイドパンツも細身のテーパードパンツもどちらも作れる。

切りとったパターンはクリアファイルなどに入れて、なくさないように大切に保管してください！

印つけをする　裁断したら、パターンをつけたまま印つけをします。

ポケット口の合い印に、はさみで0.5cmの切込みを入れる。ほかの合い印もこのように切込みを入れておく。

ポケットつけ位置は、両端の2か所に目打ちで穴をあける。

パターンの用意

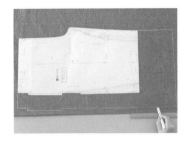

布に直接線を引く
たとえば、17のように脇と裾を平行にプラスするシンプルな場合、チョークペンシルなどで布に直接線を引く。

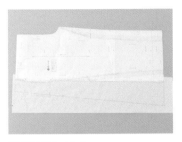

製図用紙に描く
たとえば、07のように少し複雑な場合、パターンに製図用紙を足してマスキングテープでとめて、作り方の指示どおりに線を引く。

脇と股下の縫い方

テーパードパンツのような裾すぼまりの脇を縫うとき、裾の縫い代分は脇縫いと線対称になるように少し縫い開く。股下も同様に少し縫い開くと、裾の縫い代を三つ折りにするときに足りなくならずにきれいに折れる。

三つ折りのしかた　この本の、ウエストと裾はすべて三つ折りにしました。

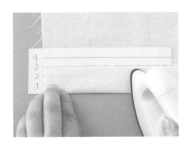

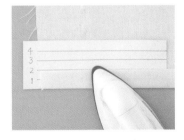

アイロン定規を作る。はがき程度の厚紙（20×5cmくらい）に、油性ペンで1cm間隔に平行線を引く。

縫い代が3cmの場合。アイロン定規の3cmの目盛りに合わせてアイロンで折る。

そのままの位置で2cmに合わせて折る。このように、縫う前にアイロンで折っておくとあとの作業がスムーズ。

サイズについて

この本の作品は、サイズS、M、L、XL、2XL、3XLの6サイズが作れます。ご自分のサイズを右記「参考寸法表」で確認してサイズを決めてください。身長はすべて同じになっていますので、着丈は好みの長さに調節してください。

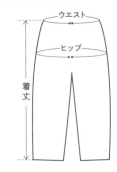

参考寸法表　＊単位はcm

	ウエスト	ヒップ	バスト	身長
S	61	87	82	160
M	66	92	86	160
L	71	97	90	160
XL	76	102	94	160
2XL	81	107	98	160
3XL	86	112	102	160

01 バミューダパンツ

photo — p.4
level — ◆◇◇

ほどよいゆるみではき心地抜群の
バミューダパンツ。
家でも外でも大活躍します。
脇のポケットだけがんばって縫えば、
あとはとても簡単に作れます。

＊文中、図中の6つ並んだ数字は、サイズS、M、L、
　XL、2XL、3XL。1つは共通

■出来上り寸法

ウエスト … 93、98、103、108、113、118cm
パンツ丈 … 59、60、61、62、63、64cm

■材料

布[スタンダードリネン] … 140cm幅160cm
ゴムテープ … 2.5cm幅70、70、80、80、90、90cm

■作り方

1 脇を縫い、脇ポケットを作る(図参照)

2 前後股上を縫い、縫い代は右パンツ側
　　に倒す(図参照)

3 股下を縫い、縫い代は後ろ側に倒す
　　(p.**36**参照)

4 ウエストを三つ折りにして縫い、ゴム
　　テープを通す(p.**36**参照)

5 裾を三つ折りにして縫う(p.**36**参照)

■裁合せ図

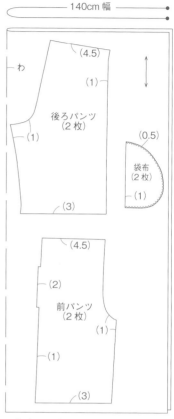

140cm幅

わ

(4.5)
(1)
後ろパンツ
(2枚)
(1)
(3)

(0.5)
袋布
(2枚)
(1)

(4.5)
(2)
前パンツ
(2枚)
(1)
(1)
(3)

＊(　)の数字は図に含まれる縫い代分
＊〰〰〰 はジグザグミシンをかけておく

■パターンの用意

＊▨は実物大パターン

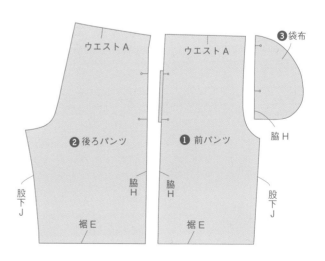

ウエストA
❷後ろパンツ
脇H
股下J
裾E

ウエストA
❶前パンツ
脇H
股下J
裾E

❸袋布
脇H

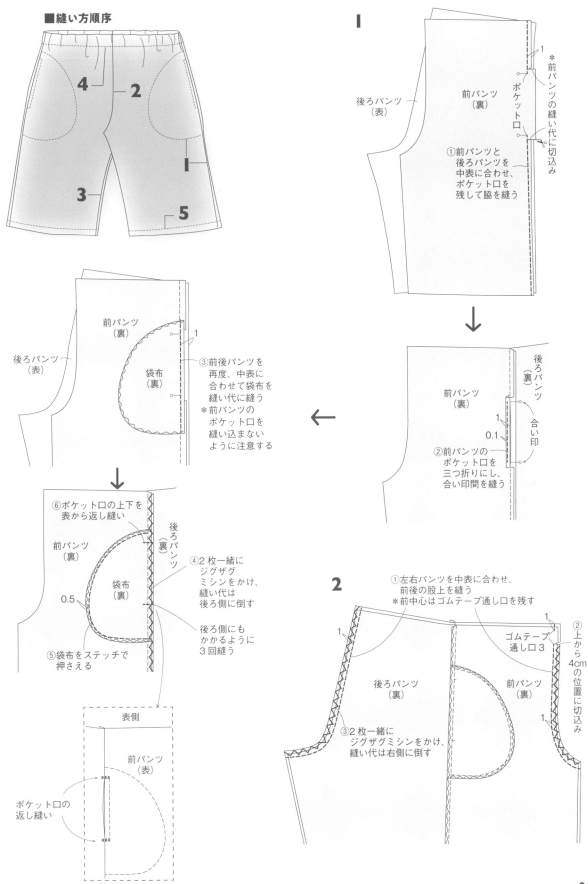

■縫い方順序

4 — 2
3
5

1

後ろパンツ
(表)

前パンツ
(裏)

ポケット口

*前パンツの
縫い代に切込み

1

①前パンツと
後ろパンツを
中表に合わせ、
ポケット口を
残して脇を縫う

前パンツ
(裏)

後ろパンツ
(裏)

合い印

1
0.1

②前パンツの
ポケット口を
三つ折りにし、
合い印間を縫う

後ろパンツ
(表)

前パンツ
(裏)

袋布
(裏)

1

③前後パンツを
再度、中表に
合わせて袋布を
縫い代に縫う
*前パンツの
ポケット口を
縫い込まない
ように注意する

⑥ポケット口の上下を
表から返し縫い

前パンツ
(裏)

袋布
(裏)

後ろパンツ
(裏)

0.5

④2枚一緒に
ジグザグ
ミシンをかけ、
縫い代は
後ろ側に倒す

後ろ側にも
かかるように
3回縫う

⑤袋布をステッチで
押さえる

表側

前パンツ
(表)

ポケット口の
返し縫い

2

①左右パンツを中表に合わせ、
前後の股上を縫う
*前中心はゴムテープ通し口を残す

1

後ろパンツ
(裏)

③2枚一緒に
ジグザグミシンをかけ、
縫い代は右側に倒す

ゴムテープ
通し口3

1

前パンツ
(裏)

②上から
4cm
の位置に切込み

1

1

3

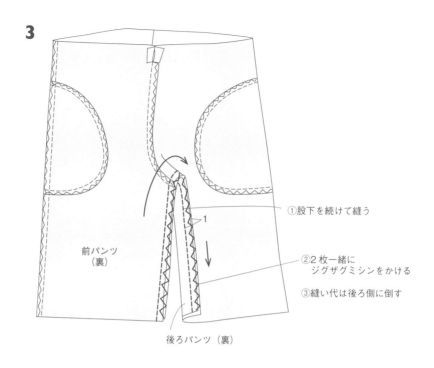

①股下を続けて縫う

②2枚一緒に
ジグザグミシンをかける

③縫い代は後ろ側に倒す

前パンツ
（裏）

1

後ろパンツ（裏）

4

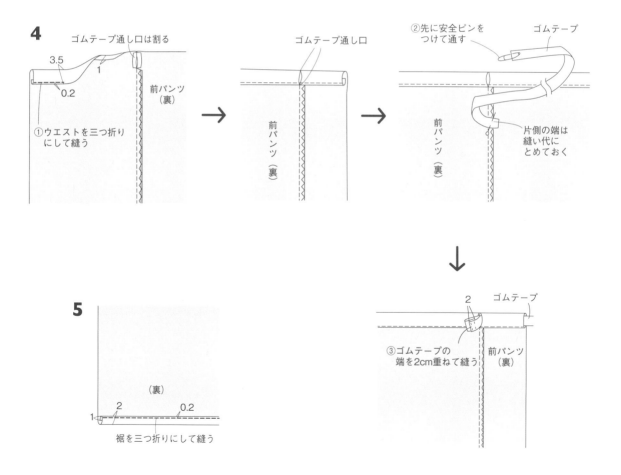

ゴムテープ通し口は割る

3.5

1

0.2

①ウエストを三つ折り
にして縫う

前パンツ
（裏）

ゴムテープ通し口

前パンツ（裏）

②先に安全ピンを
つけて通す

ゴムテープ

前パンツ（裏）

片側の端は
縫い代に
とめておく

2

ゴムテープ

③ゴムテープの
端を2cm重ねて縫う

前パンツ
（裏）

5

（裏）

2

0.2

1

裾を三つ折りにして縫う

03 8枚はぎのギャザースカート

photo — p.6

level — ◆◇◇

裁つのも縫うのもまっすぐの、
とても簡単に作れるギャザースカート。
これは4種類のストライプですが、
好みの布を組み合わせてください。

＊文中、図中の6つ並んだ数字は、サイズS、M、L、
　XL、2XL、3XL。1つは共通

■出来上り寸法

ウエスト … 200、200、200、216、216、216cm

スカート丈 … 84cm

■材料

布[綿ストライプ]4種 … 各116cm幅100cm

ゴムテープ … 2cm幅70、70、80、80、90、90cm

■作り方

1　8枚をはぎ合わせ、縫い代は割る(p.41参照)

2　ウエストを三つ折りにして縫い、ゴムテープを
　通す(p.41参照)

3　裾を三つ折りにして縫う

■製図

27、27、27、29、29、29

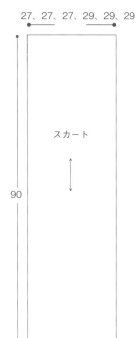

スカート

90

■縫い方順序

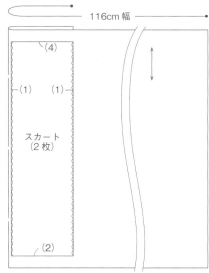

ゴムテープ

2

0.2 (裏)

3

三つ折りにして縫う

3

(裏)

1　0.2

三つ折りにして縫う

■裁合せ図

＊4種類の柄をそれぞれ同様に裁つ

116cm幅

(4)

(1)　(1)

スカート
(2枚)

(2)

＊( )の数字は図に含まれる縫い代分

＊〜〜〜〜 はジグザグミシンをかけておく

02 バギーパンツ

photo — p.5
level — ◆◇◇

ゆったりしたアンクル丈のバギーパンツ。
リネンで作れば肌触りがよくて暑い季節は
快適に過ごせます。
ポケットは表側に縫いつける
パッチポケットだから簡単です。

＊文中、図中の6つ並んだ数字は、サイズS、M、L、XL、
　2XL、3XL。1つは共通

■出来上り寸法

ウエスト … 93、98、103、108、113、118cm
パンツ丈 … 88.5、89.5、90.5、91.5、92.5、93.5cm

■材料

布[麻ストライプ] … 150cm幅220cm
ゴムテープ … 2.5cm幅70、70、80、80、90、90cm

■作り方

1 ポケットを作って、前パンツにつける（図参照）

2 脇を縫う（p.**35**参照）

3 前後股上を縫い、縫い代は右パンツ側に倒す
　　（p.**35**参照）

4 股下を縫い、縫い代は後ろ側に倒す（p.**36**参照）

5 ウエストを三つ折りにして縫い、ゴムテープを通す
　　（p.**36**参照）

6 裾を三つ折りにして縫う（p.**36**参照）

■裁合せ図

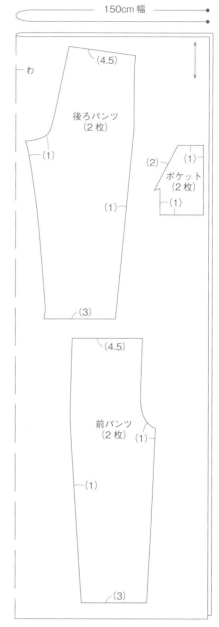

150cm幅

わ

（4.5）

後ろパンツ
（2枚）

（1）

（2） （1）
ポケット
（2枚）
（1）

（1）

（3）

（4.5）

前パンツ
（2枚）
（1）

（1）

（3）

＊（　）の数字は図に含まれる縫い代分

■パターンの用意

* は実物大パターン

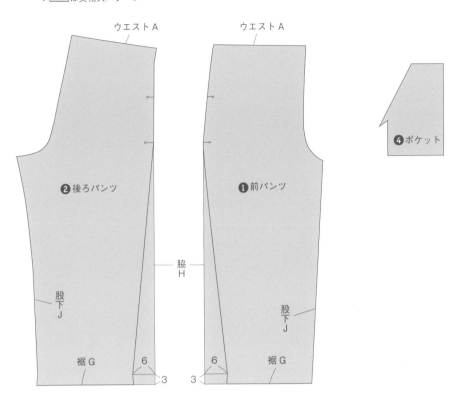

ウエストA ウエストA

❷後ろパンツ ❶前パンツ

脇
H

股下
J

股下
J

裾G 裾G

6 6

3 3

❹ポケット

■縫い方順序

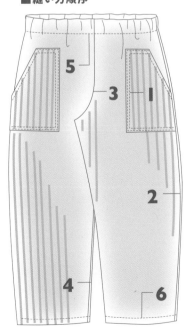

5 **3** **I**

2

4 **6**

I

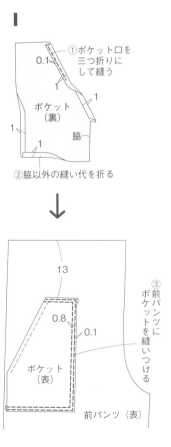

①ポケット口を
三つ折りに
して縫う

0.1

1

1

ポケット
（裏）

脇

1

1

②脇以外の縫い代を折る

↓

13

0.8

0.1

ポケット
（表）

③前パンツにポケットを縫いつける

前パンツ（表）

05 ヨーク切替えギャザースカート

photo — p.8
level — ◆◇◇

切替えでギャザーをたっぷり寄せた
フェミニンなギャザースカート。
ヨークで切り替えたのでおなか回りはすっきり。
布を替えて何枚も作ると重宝します。

＊文中、図中の6つ並んだ数字は、サイズS、M、L、XL、2XL、3XL。
　1つは共通

■出来上り寸法

ウエスト … 100、104、108、116、120、124cm
スカート丈 … 84cm

■材料

布[綿ローン] … 116cm幅 170、170、170、190、190、190cm
ゴムテープ … 2cm幅 70、70、80、80、90、90cm

■作り方

1　ヨークを作る(図参照)
2　スカートを作る(図参照)
3　ヨークとスカートを縫い合わせる(図参照)
4　ウエストを三つ折りにして縫い、ゴムテープを
　　通す(図参照)

■裁合せ図

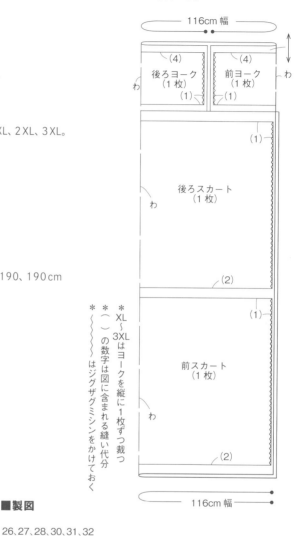

＊（ ）の数字は図に含まれる縫い代分
＊XL〜3XLはヨークを縦に1枚ずつ裁つ
〜〜〜はジグザグミシンをかけておく

■製図

■縫い方順序

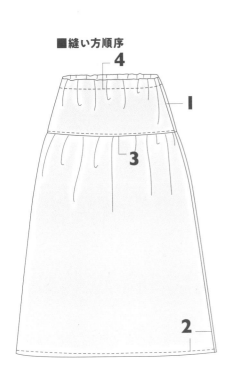

I

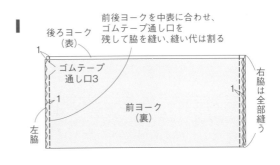

前後ヨークを中表に合わせ、
ゴムテープ通し口を
残して脇を縫い、縫い代は割る

後ろヨーク
（表）

ゴムテープ
通し口3

前ヨーク
（裏）

右脇は全部縫う

左脇

2

後ろスカート
（表）

③前後スカートのウエストに
ギャザーミシンを2本かけ、
ヨークつけ寸法に合わせて
ギャザーを寄せる

0.8　0.5

（裏）

①前スカートと
後ろスカートを
中表に合わせて
脇を縫い、
縫い代は割る

前スカート
（裏）

②裾を三つ折りにして縫う

1　0.1

1

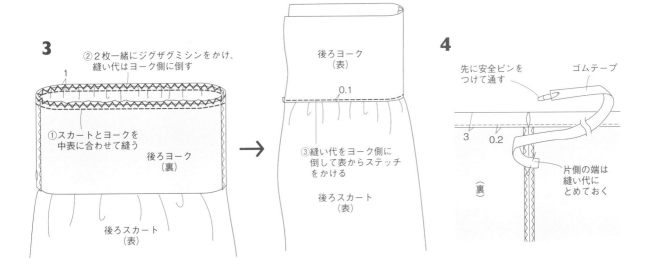

3

②2枚一緒にジグザグミシンをかけ、
縫い代はヨーク側に倒す

①スカートとヨークを
中表に合わせて縫う

後ろヨーク
（裏）

後ろスカート
（表）

後ろヨーク
（表）

0.1

③縫い代をヨーク側に
倒して表からステッチ
をかける

後ろスカート
（表）

4

先に安全ピンを
つけて通す

ゴムテープ

3　0.2

（裏）

片側の端は
縫い代に
とめておく

06 ティアードパンツ

photo — p.9
level — ◆◆◇

ティアードは段ごとの切替えでギャザーを寄せること。
ギャザーが寄っているからゆるみはたっぷりで着ていてらく。
一見スカートのようですが
実はパンツで着心地は抜群です。

＊文中、図中の6つ並んだ数字は、サイズ S、M、L、XL、
　2XL、3XL。1つは共通

■出来上り寸法

ウエスト … 93、98、103、108、113、118cm
パンツ丈 … 83、84、85、86、87、88cm

■材料

布［タイプライター］… 110cm幅 320cm
ゴムテープ … 2.5cm幅 70、70、80、80、90、90cm

■作り方

1 3段を縫い合わせ、縫い代は上側に倒す(図参照)
2 脇を縫う
3 前後股上を縫い、縫い代は右パンツ側に倒す
　(p.35 参照)
4 股下を縫い、縫い代は後ろ側に倒す(p.36 参照)
5 ウエストを三つ折りにして縫い、ゴムテープを通す
　(p.36 参照)
6 裾を三つ折りにして縫う(p.36 参照)

■裁合せ図

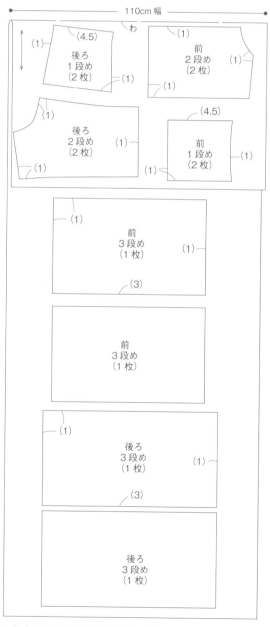

＊( )の数字は図に含まれる縫い代分

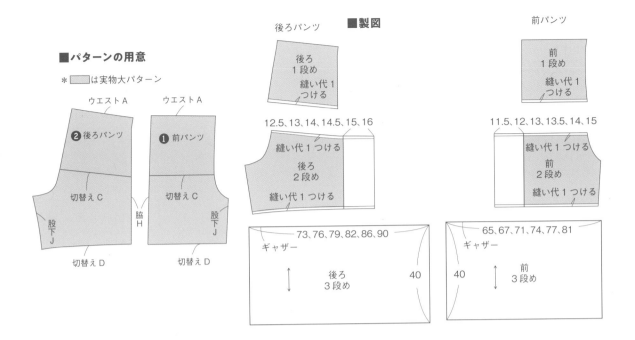

■パターンの用意

＊ ▢ は実物大パターン

ウエストA　ウエストA

❷ 後ろパンツ　❶ 前パンツ

切替えC　切替えC　脇H

股下J　股下J

切替えD　切替えD

■製図

後ろパンツ

後ろ
1段め
縫い代1
つける

12.5、13、14、14.5、15、16

縫い代1つける

後ろ
2段め

縫い代1つける

73、76、79、82、86、90

ギャザー

後ろ
3段め　40

前パンツ

前
1段め
縫い代1
つける

11.5、12、13、13.5、14、15

縫い代1つける

前
2段め

縫い代1つける

65、67、71、74、77、81

ギャザー

40　前
3段め

■縫い方順序

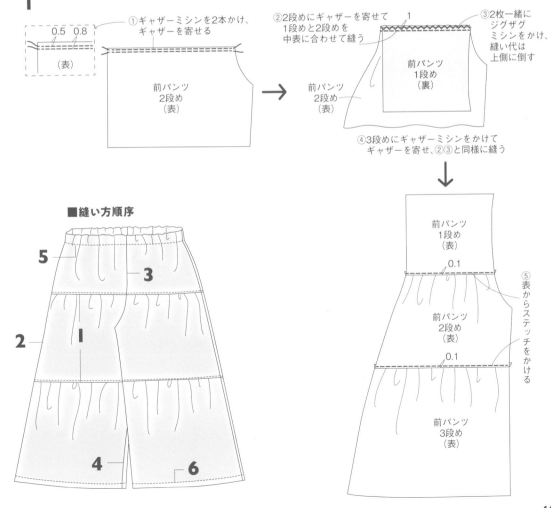

① ギャザーミシンを2本かけ、ギャザーを寄せる

0.5　0.8

（表）

前パンツ
2段め
（表）

② 2段めにギャザーを寄せて1段めと2段めを中表に合わせて縫う

1

前パンツ
2段め
（表）

前パンツ
1段め
（裏）

③ 2枚一緒にジグザグミシンをかけ、縫い代は上側に倒す

④ 3段めにギャザーミシンをかけてギャザーを寄せ、②③と同様に縫う

前パンツ
1段め
（表）

0.1

前パンツ
2段め
（表）

0.1

前パンツ
3段め
（表）

⑤ 表からステッチをかける

5　3

2　1

4　6

07 フレアパンツ

photo — p.10
level — ◆◇◇

ヒップから裾にかけて広がったシルエットのフレアパンツ。
エレガントな雰囲気があるので華やかなトップスを合わせて
おしゃれな着こなしを楽しんでも。

＊文中、図中の6つ並んだ数字は、サイズS、M、L、XL、
2XL、3XL。1つは共通

■出来上り寸法

ウエスト … 93、98、103、108、113、118cm
パンツ丈 … 88.5、89.5、90.5、91.5、92.5、93.5cm

■材料

布［綿麻シャンブレー］… 118cm幅 280cm
ゴムテープ … 2.5cm幅 70、70、80、80、90、90cm

■作り方

1 前パンツのタックを縫う（p.**61**参照）

2 前股上を縫って縫い代は右パンツ側に倒す
（p.**69**参照）

3 前切替えベルトをつける（p.**69**参照）

4 脇を縫い、脇ポケットを作る（p.**35**参照）

5 後ろ股上を縫い、縫い代は右パンツ側に倒す
（p.**35**参照）

6 股下を縫い、縫い代は後ろ側に倒す（p.**36**参照）

7 ウエストを三つ折りにして縫い、ゴムテープを通す
（p.**36**参照）

8 裾を三つ折りにして縫う（p.**36**参照）

■裁合せ図

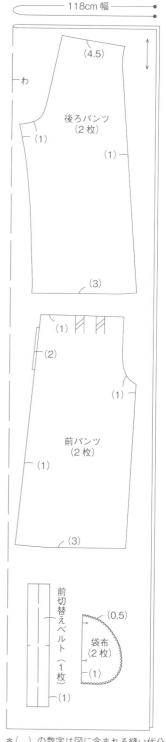

＊（ ）の数字は図に含まれる縫い代分
＊〜〜〜 はジグザグミシンをかけておく

■ パターンの用意

＊ は実物大パターン

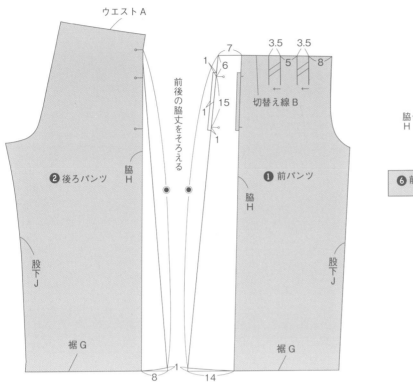

ウエスト A

前後の脇丈をそろえる

❷ 後ろパンツ
脇 H
股下 J
裾 G

7
1
6
1
15
1
1

❶ 前パンツ
脇 H
股下 J
裾 G

3.5　3.5
5
8
切替え線 B

8
1
14

❸ 袋布
脇 H

❻ 前切替えベルト
わ

■ 縫い方順序

前

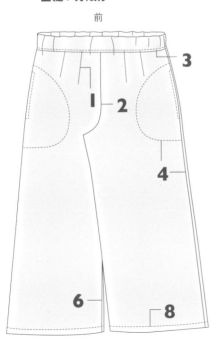

I　2
3
4
6
8

後ろ

7　5

04 アンクルテーパードパンツ

photo — **p.7**
level — ◆◇◇

ヒップ回りはゆったりで裾がすぼまった形が特徴のテーパードパンツ。
アンクル丈でシンプルだからワードローブで大活躍。一年中着られます。

＊文中、図中の6つ並んだ数字は、サイズ
　S、M、L、XL、2XL、3XL。1つは共通

■出来上り寸法

ウエスト … 93、98、103、108、113、
　　　　　　118cm
パンツ丈 … 88.5、89.5、90.5、91.5、
　　　　　　92.5、93.5cm

■材料

布［綿麻布］… 118cm 幅 210cm
ゴムテープ …
　2.5cm 幅 70、70、80、80、90、90cm

■作り方

1 脇を縫い、脇ポケットを作る
　（p.**35** 参照）

2 前後股上を縫い、縫い代は右パンツ側
　に倒す（p.**35** 参照）

3 股下を縫い、縫い代は後ろ側に倒す
　（p.**36** 参照）

4 ウエストを三つ折りにして縫い、ゴム
　テープを通す（p.**36** 参照）

5 裾を三つ折りにして縫う（p.**36** 参照）

■縫い方順序

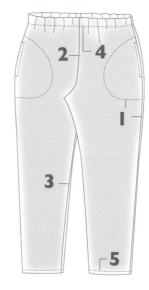

■パターンの用意

＊ ▨ は実物大パターン

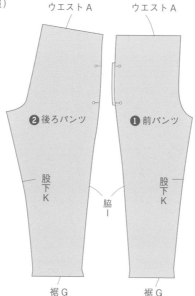

ウエスト A　　　ウエスト A

❷後ろパンツ　　❶前パンツ

股下K　　　　股下K
　　　脇
　　　I

裾G　　　裾G

❸袋布
脇 I

■裁合せ図

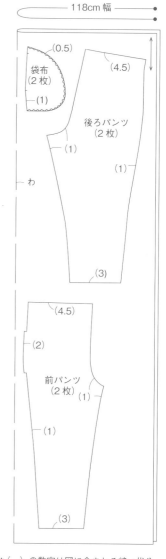

118cm 幅

袋布
（2枚）
（0.5）
（1）

後ろパンツ
（2枚）
（4.5）
（1）
（1）
わ
（3）

前パンツ
（2枚）
（4.5）
（2）
（1）
（1）
（3）

＊（ ）の数字は図に含まれる縫い代分
＊ 〜〜〜 はジグザグミシンをかけておく

08 ワイドパンツ

photo — p.11
level — ◆◇◇

ヒップから裾にかけてまっすぐなシルエットで
適度なゆるみのワイドパンツ。
肉厚のリネンで作ればきちんと感のあるパンツに。
夏は涼しく、そのほかの季節も心地よく着られます。

*文中、図中の6つ並んだ数字は、サイズS、M、L、XL、
　2XL、3XL。1つは共通

■出来上り寸法

ウエスト … 93、98、103、108、113、118cm
パンツ丈 … 88.5、89.5、90.5、91.5、92.5、93.5cm

■材料

布[プレウォッシュリネン] … 150cm幅220cm
ゴムテープ … 2.5cm幅70、70、80、80、90、90cm

■作り方

1　脇を縫い、脇ポケットを作る(p.75参照)
2　前後股上を縫い、縫い代は割る(p.75参照)
3　股下を縫い、縫い代は割る(p.61参照)
4　ウエストを三つ折りにして縫い、ゴムテープを通す
　　(p.36参照)
5　裾を三つ折りにして縫う(p.36参照)

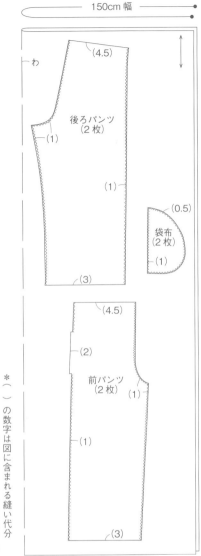

■150cm幅

わ
(4.5)
後ろパンツ
(2枚)
(1)
(1)
袋布
(2枚)
(0.5)
(1)
(3)

(4.5)
前パンツ
(2枚)
(2)
(1)
(1)
(3)

*（　）の数字は図に含まれる縫い代分
*〜〜〜はジグザグミシンをかけておく

■パターンの用意

* ▢ は実物大パターン

ウエストA　　ウエストA

❷後ろパンツ　❶前パンツ

脇H　脇H　股下J

股下J

裾G　裾G

❸袋布

脇H

■縫い方順序

4　2
1
3　5

09 ミディ丈マーメイドスカート

photo ── p.12
level ── ◆◇◇

マーメイドは人魚のこと。ウエストからヒップは
体にそったカーブで、裾は尾ひれのように広がったシルエットが特徴。
これはひざ下15cmくらいの足がきれいに見えるミディ丈です。

＊文中、図中の6つ並んだ数字は、サイズ S、M、L、
　XL、2XL、3XL。1つは共通

■出来上り寸法

ウエスト … 100、100、112、112、124、124cm
ヒップ … 108、108、120、120、132、132cm
スカート丈 … 74cm

■材料

布[スタンダードリネン] … 140cm幅240cm
ゴムテープ … 2cm幅70、70、80、80、90、90cm

■作り方

1　8枚を縫い合わせ、縫い代は割る
　　(図参照)

2　ウエストベルトを作る(p.55参照)

3　ウエストベルトをつけ、ゴムテープを
　　通す(p.55参照)

4　裾を三つ折りにして縫う

■パターンの用意

＊▨ は実物大パターン
＊ウエストベルトは製図を引く

❾ スカート

裾A

■裁合せ図

140cm幅

わ

スカート(8枚)
(1) (1) (1) (2)
スカート
スカート
スカート

ウエストベルト(1枚)
(1) (1)

＊( )の数字は図に含まれる縫い代分
＊〜〜〜〜 はジグザグミシンをかけておく

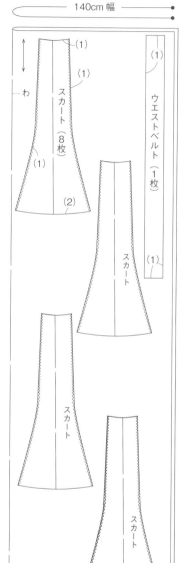

■製図

── 51、51、57、57、63、63 ──

8 ─右脇わ　　ウエストベルト →←

■縫い方順序

2
3
1
4

4

(裏)
1　0.2
三つ折りにして縫う

1　スカート(表)

スカート(裏)
1
2枚を中表に
合わせて縫い、
縫い代は割る。
8枚を同様に縫う

10 脇続きパンツ

photo — p.13
level — ◆◇◇

前後パンツを脇で続けた形にしたパンツ。
脇を縫う工程がないので作るのはとても簡単。
p.4のバミューダパンツより
裾広がりのシルエットです。

＊文中、図中の6つ並んだ数字は、サイズS、M、L、XL、
　2XL、3XL。1つは共通

■出来上り寸法
ウエスト … 93、98、103、108、113、118cm
パンツ丈 … 69、70、71、72、73、74cm

■材料
布［大チェック］… 112cm幅200cm
ゴムテープ … 2.5cm幅70、70、80、80、90、90cm

■作り方
1 前後股上を縫い、縫い代は右パンツ側に倒す
　（p.35参照）
2 股下を縫い、縫い代は後ろ側に倒す
　（p.36参照）
3 ウエストを三つ折りにして縫い、ゴムテープを通す
　（p.36参照）
4 裾を三つ折りにして縫う（p.36参照）

■パターンの用意
＊□は実物大パターン

ウエストA　　　　　ウエストA
❷後ろパンツ　　　　❶前パンツ
股下J　　脇H　　脇H　　股下J
裾E　　　　裾E
10　　10　　10　　10

■縫い方順序

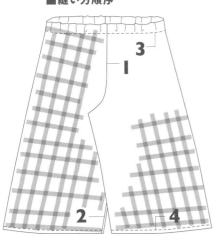

■裁合せ図

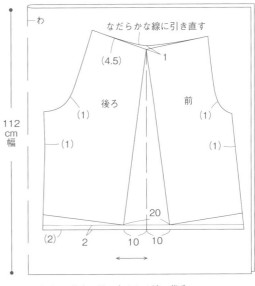

わ
なだらかな線に引き直す
1
(4.5)
後ろ　　　前
(1)　　　(1)
112cm幅
(1)　　　(1)
20
(2)　2　10　10

＊（　）の数字は図に含まれる縫い代分

49

11 サロペット

photo ─ p.14
level ─ ◆◆◆

身頃もパンツもゆったりしたシルエットの、あきがない、
そのままストンと着るサロペット。肩ひもは長さ調節が可能。
裾をロールアップしたらとてもキュート。

＊文中、図中の6つ並んだ数字は、サイズS、M、L、XL、2XL、3XL。
　1つは共通

■出来上り寸法

バスト … 100、104、108、114、120、124cm
ウエスト … 105、110、115、120、125、130cm
ヒップ … 115、120.5、125.5、131、136.5、142cm
着丈(肩ひもを除く) … 116、117.5、119、120.5、122、123.5cm

■材料

布[綿] … 118cm幅 270cm
Dカン … 1.5cm幅を4個

■作り方

1 前後肩ひもを縫い(p.64参照)、後ろ
　肩ひものみDカンをつける(図参照)

2 前後胸当ての衿ぐりをバイアス布で始
　末する(図参照)

3 前後胸当ての袖ぐりを二つ折りにして
　縫う(図参照)

4 前後胸当ての脇を縫い、縫い代は後ろ
　側に倒す(図参照)

5 パンツの脇を縫い、脇ポケットを作る
　(p.35参照)

6 パンツの前後股上を縫い、縫い代は右
　パンツ側に倒す(p.35参照)

7 パンツの股下を縫い、縫い代は後ろ側
　に倒す(p.36参照)

8 胸当てとパンツを縫い合わせる
　(図参照)

9 肩ひもをつける(図参照)

10 裾を三つ折りにして縫う(p.36参照)

■縫い方順序

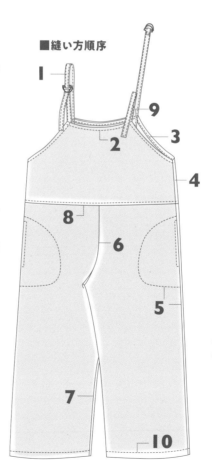

■裁合せ図

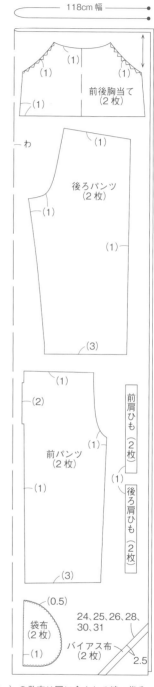

118cm幅

(1) (1) (1) (1) (1)
前後胸当て
(2枚)

わ

(1)
後ろパンツ
(2枚)
(1)
(1)
(3)

(1)
(2)
(1)
前パンツ
(2枚)
(1)
(3)

前肩ひも(2枚)
(1)
後ろ肩ひも(2枚)

(0.5)
袋布
(2枚)
(1)

24、25、26、28、
30、31
バイアス布
(2枚)
2.5

＊( )の数字は図に含まれる縫い代分
＊〰〰〰 はジグザグミシンをかけておく

＊ は実物大パターン
＊肩ひもは製図を引く

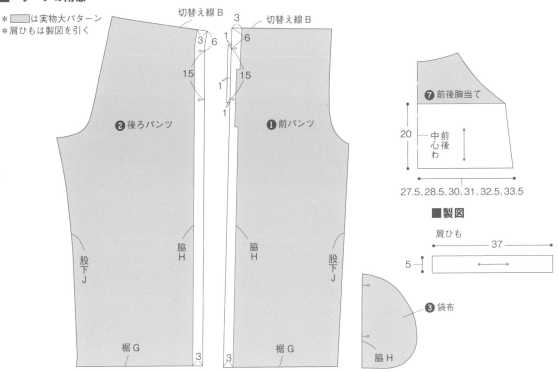

■製図

3 袋布

1

後ろ肩ひも（表）
①4辺を折って縫う
わ　0.5 0.5
1.5
②Dカンを2個通して縫う（後ろ肩ひものみ）
＊前後各2本作る

2

バイアス布（裏）　③切込み
1あける　1あける
①0.5折る
②バイアス布を中表に合わせ、衿ぐりを縫う
前胸当て（表）

③バイアス布を裏側に返して縫う
1
0.1
前（裏）
バイアス布（表）
前胸当て（裏）
＊後ろ胸当ても同様に縫う

3

0.7
前胸当て（裏）
袖ぐりを二つ折りにして縫う
＊後ろ胸当ても同様に縫う

4

前胸当て（表）
後ろ胸当て（裏）
1
①前後胸当てを中表に合わせて脇を縫う
②縫い代は2枚一緒にジグザグミシンをかけ、後ろ側に倒す

8

①パンツと胸当てを中表に合わせて縫う
1
②縫い代は2枚一緒にジグザグミシンをかけ、胸当て側に倒す
前胸当て（裏）
前パンツ（表）

前胸当て（表）
0.8
前パンツ（表）
③表からステッチをかける

9

0.5　4.5　4
後ろ肩ひも（表）
わ
前肩ひも（表）
わ
前（表）
前後胸当てに肩ひもを縫いとめる

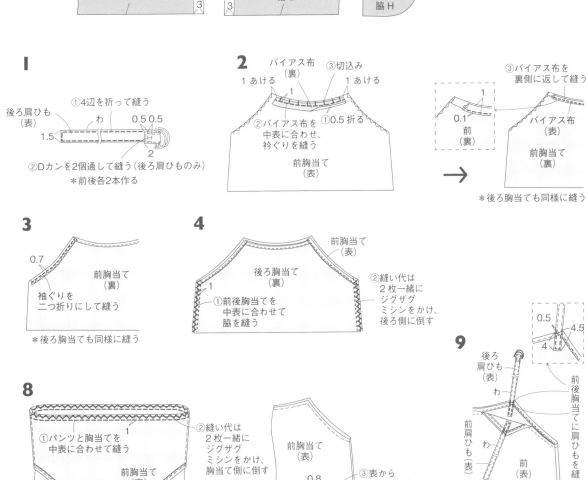

12 8分丈テーパードパンツ

photo — p.16
level — ◆◇◇

p.7のテーパードパンツと同型で、
これは足首が見えるくらいに短い
8分丈パンツ。
写真のように素足でもいいし、
ソックスやブーツで足もとの
おしゃれを楽しんでもいい。

＊文中、図中の6つ並んだ数字は、サイズ
　S、M、L、XL、2XL、3XL。1つは共通

■出来上り寸法

ウエスト … 93、98、103、108、113、
　　　　　 118cm
パンツ丈 … 82、83、84、85、86、87cm

■材料

布［カツラギ］… 118cm幅210cm
ゴムテープ …
　2.5cm幅70、70、80、80、90、90cm

■作り方

1　後ろポケットを作り、つける
　（p.59参照）

2　脇を縫い、脇ポケットを作る
　（p.35参照）

3　前後股上を縫い、縫い代は右パンツ側
　に倒す（p.35参照）

4　股下を縫い、縫い代は後ろ側に倒す
　（p.36参照）

5　ウエストを三つ折りにして縫い、ゴム
　テープを通す（p.36参照）

6　裾を三つ折りにして縫う（p.36参照）

■縫い方順序

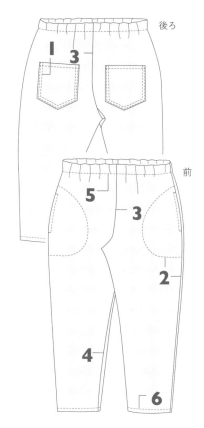

■裁合せ図

← 118cm幅 →

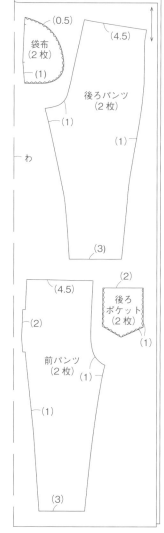

＊（　）の数字は図に含まれる縫い代分
＊〜〜〜〜〜 はジグザグミシンをかけておく

■パターンの用意

＊ □ は実物大パターン

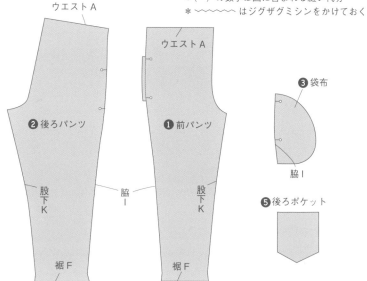

15 ロングマーメイドスカート

photo — p.19
level — ◆◇◇

p.12 のマーメイドスカートと同型で、
これはスカート丈をさらに 12cm 長くした
ロングタイプ。長くても裾回りは広いので
足さばきは充分。柔らかい布がおすすめです。

＊文中、図中の 6 つ並んだ数字は、サイズ S、M、L、
　XL、2XL、3XL。1 つは共通

■出来上り寸法

ウエスト … 100、100、112、112、124、124cm
ヒップ … 108、108、120、120、132、132cm
スカート丈 … 86cm

■材料

布 [綿プリント] … 120cm 幅 370cm
ゴムテープ …
　2cm 幅 70、70、80、80、90、90cm

■作り方

1　8 枚を縫い合わせ、縫い代は割る
　　（p.48 参照）

2　ウエストベルトを作る（p.55 参照）

3　ウエストベルトをつけ、ゴムテープを
　　通す（p.55 参照）

4　裾を三つ折りにして縫う

■パターンの用意

＊　■ は実物大パターン
＊ウエストベルトの製図は、p.48 参照

⑨スカート

裾 B

■裁合せ図

120cm 幅

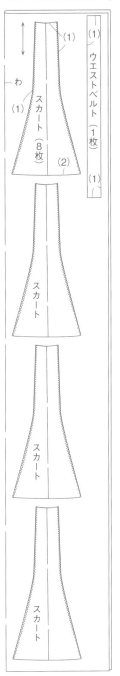

わ

スカート（8枚）

(1)

(1)

(2)

ウエストベルト（1枚）

(1)

(1)

(1)

スカート

スカート

スカート

＊（ ）の数字は図に含まれる縫い代分
＊ 〜〜〜〜 はジグザグミシンをかけておく

■縫い方順序

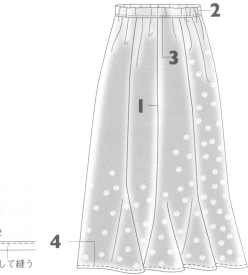

2

3

1

4

（裏）

1　0.2

三つ折りにして縫う

13 タックギャザースカート

photo ― p.17
level ― ◆◇◇

ウエストにタックをたたんだので、おなか回りが
すっきりして見えるギャザースカート。
裁つのも縫うのもすべて直線だから
半日もあれば作れます。

＊文中、図中の6つ並んだ数字は、サイズ S、M、L、
　XL、2XL、3XL。1つは共通

■出来上り寸法

ウエスト … 98、102、110、114、122、126cm
スカート丈 … 81cm

■材料

布[カラーリネン] … 150cm幅 180cm
ゴムテープ … 2cm幅 70、70、80、80、90、90cm

■作り方

1 タックをたたんで、仮どめをする
　（図参照）

2 脇を縫う（図参照）

3 ウエストベルトを作る（図参照）

4 ウエストベルトをつけ、ゴムテープを
　通す（図参照）

5 裾を三つ折りにして縫う（図参照）

■裁合せ図

＊（ ）の数字は図に含まれる縫い代分
＊ 〜〜〜〜 はジグザグミシンをかけておく

■製図

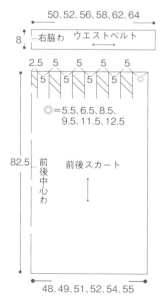

◎＝5.5、6.5、8.5、
　9.5、11.5、12.5

■縫い方順序

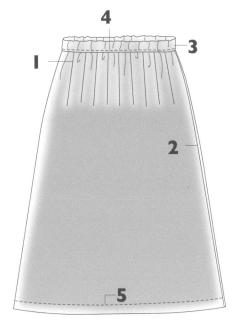

4
3
I
2
5

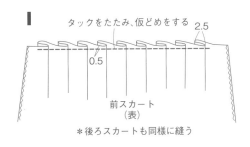

I

タックをたたみ、仮どめをする　2.5

0.5

前スカート
（表）

＊後ろスカートも同様に縫う

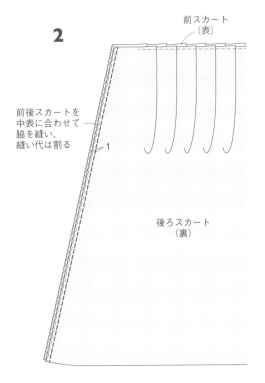

2

前スカート
（表）

前後スカートを
中表に合わせて
脇を縫い、
縫い代は割る　1

後ろスカート
（裏）

3

①中表に合わせて、ゴムテープ通し口を残して
　縫い、縫い代は割る

（表）

1
ウエストベルト（裏）
1

3 ゴムテープ通し口

1
②縫い代を折る　1

4

①スカートとウエストベルトを中表に合わせて縫い、
　縫い代はベルト側に倒す

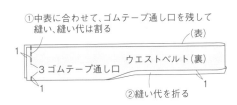

1
1

縫い目を合わせる

ベルト（裏）

後ろスカート
（表）

→

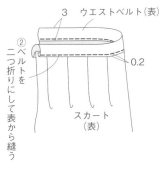

3　ウエストベルト（表）

②ベルトを二つ折りにして表から縫う

0.2

スカート
（表）

5

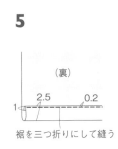

（裏）

2.5　　0.2
1

裾を三つ折りにして縫う

アシンメトリーフリルのギャザースカート

photo — p.18
level — ◆◇◇

製図は長方形でごくシンプルですが、
アシンメトリーのフリルがアクセントのギャザースカート。
フリルの裁ち端を切りっぱなしにしたところもポイントです。

＊文中、図中の6つ並んだ数字は、サイズ S、M、L、XL、2XL、
　3XL。1つは共通

■出来上り寸法

ウエスト … 198 cm
スカート丈 … 82.5 cm

■材料

布［シャンブレー］… 116 cm 幅 200 cm
ゴムテープ … 8コールを 70、70、80、80、90、90 cm を各3本

■作り方

1 左脇を縫う（図参照）

2 右脇を縫う（図参照）

3 ウエストを三つ折りにして縫い、ゴムテープを通す（図参照）

4 裾を三つ折りにして縫う（p.41 参照）

■製図

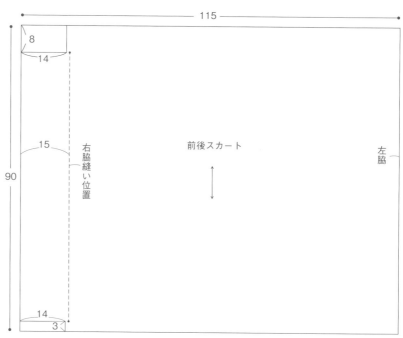

前後スカート

右脇縫い位置

左脇

115

90

8

14

15

14

3

■裁合せ図

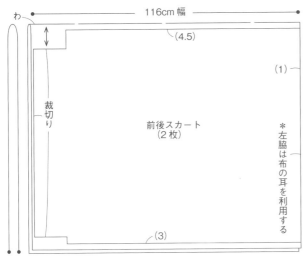

わ

116cm 幅

(4.5)

(1)

裁切り

前後スカート
(2枚)

＊左脇は布の耳を利用する

(3)

＊( )の数字は図に含まれる縫い代分

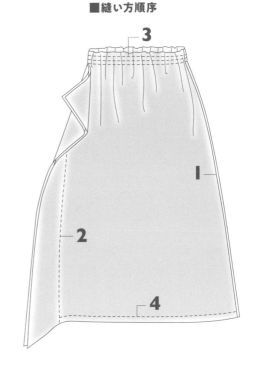

3

I

2

4

I

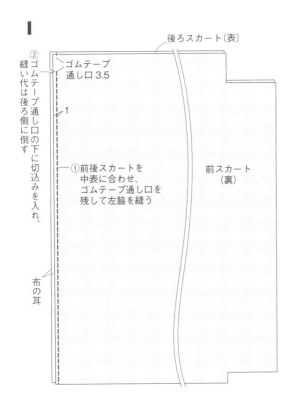

後ろスカート(表)

②縫い代は後ろ側に倒す

ゴムテープ通し口3.5

ゴムテープ通し口の下に切込みを入れ、

1

①前後スカートを
中表に合わせ、
ゴムテープ通し口を
残して左脇を縫う

前スカート
(裏)

布の耳

2

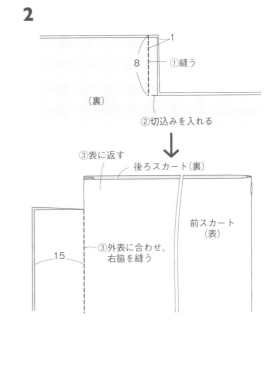

1

8

①縫う

(裏)

②切込みを入れる

③表に返す

後ろスカート(裏)

前スカート
(表)

15

③外表に合わせ、
右脇を縫う

3

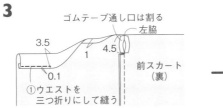

ゴムテープ通し口は割る

左脇

3.5

1

4.5

0.1

前スカート
(裏)

①ウエストを
三つ折りにして縫う

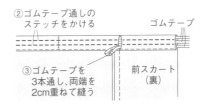

②ゴムテープ通しの
ステッチをかける

ゴムテープ

③ゴムテープを
3本通し、両端を
2cm重ねて縫う

前スカート
(裏)

16 前後異素材パンツ

photo — p.20
level — ◆◇◇

ストレートラインでシンプルなパンツは、
前はデニム、後ろはチェック。
前後を違う布にしたユニークなデザイン。
後ろポケットをデニムにしてアクセントに。

*文中、図中の6つ並んだ数字は、サイズ
　S、M、L、XL、2XL、3XL。1つは共通

■出来上り寸法

ウエスト … 93、98、103、108、113、
　　　　　 118cm
パンツ丈 … 88.5、89.5、90.5、91.5、
　　　　　 92.5、93.5cm

■材料

布[デニム] … 138cm幅120cm
　（前パンツ、袋布、後ろポケット分）
布[チェック] … 110cm幅120cm
　（後ろパンツ分）
ゴムテープ …
　2.5cm幅70、70、80、80、90、90cm

■作り方

1　後ろポケットを作り、つける（図参照）
2　脇を縫い、脇ポケットを作る
　　（p.35参照）
3　前後股上を縫い、縫い代は右パンツ側
　　に倒す（p.35参照）
4　股下を縫い、縫い代は後ろ側に倒す
　　（図参照）
5　ウエストを三つ折りにして縫い、ゴム
　　テープを通す（p.36参照）
6　裾を三つ折りにして縫う（p.36参照）

■裁合せ図

[デニム]

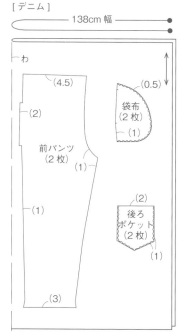

[チェック]

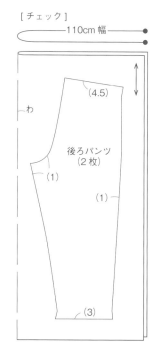

*（　）の数字は図に含まれる縫い代分
* 〜〜〜〜 はジグザグミシンをかけておく

■パターンの用意

*▨は実物大パターン

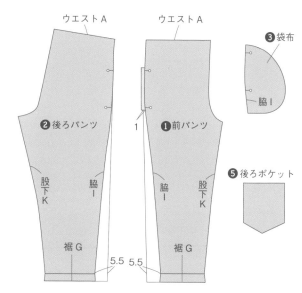

■縫い方順序

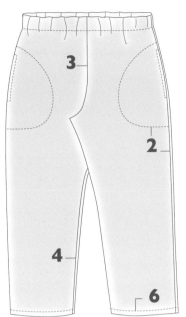

前

後ろ

1

①ポケット口を
三つ折りにして縫う

0.8

1　1

後ろポケット
（裏）

1

②折る

↓

後ろパンツ
（表）

後ろポケット
（表）

0.1

0.7

③後ろパンツに
ポケットをつける

4

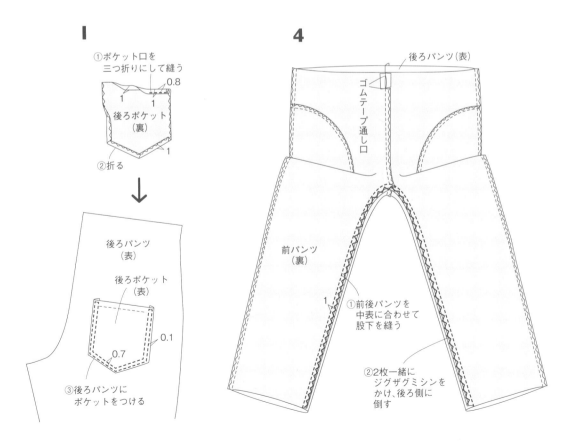

後ろパンツ（表）

ゴムテープ通し口

前パンツ
（裏）

1

①前後パンツを
中表に合わせて
股下を縫う

②2枚一緒に
ジグザグミシンを
かけ、後ろ側に
倒す

17 8分丈タックワイドパンツ

photo — p.21
level — ◆◇◇

p.11より丈は短く、ゆるみをさらに加えたワイドパンツ。
ゆるみがたっぷりでもウエストはタックをたたんで
ベルトは別裁ちにしたのでおなか回りはすっきりしています。

＊文中、図中の6つ並んだ数字は、サイズ S、M、L、XL、
　2XL、3XL。1つは共通

■出来上り寸法

ウエスト … 94、99、104、109、114、119cm
パンツ丈 … 76.5、77.5、78.5、79.5、80.5、81.5cm

■材料

布［プレウォッシュリネン］… 140cm幅 190cm
ゴムテープ … 2.5cm幅 70、70、80、80、90、90cm

■作り方

1 脇を縫い、脇ポケットを作る(p.75参照)

2 前後股上を縫い、縫い代は割る(p.75参照)

3 股下を縫い、縫い代は割る(図参照)

4 ウエストベルトを作る(図参照)

5 タックをたたんでウエストベルトをつけ、
　　ゴムテープを通す(図参照)

6 裾を二つ折りにして縫う(図参照)

■パターンの用意

＊ ▨ は実物大パターン
＊ウエストベルトは製図を引く

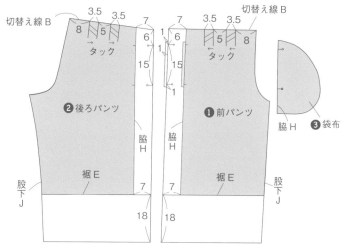

■裁合せ図

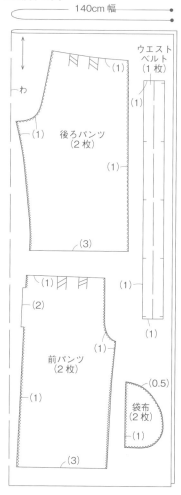

＊( )の数字は図に含まれる縫い代分
＊ 〜〜〜 はジグザグミシンをかけておく

■製図

ウエストベルト
48、50.5、53、55.5、58、60.5

右脇わ　9

■縫い方順序

前

後ろ

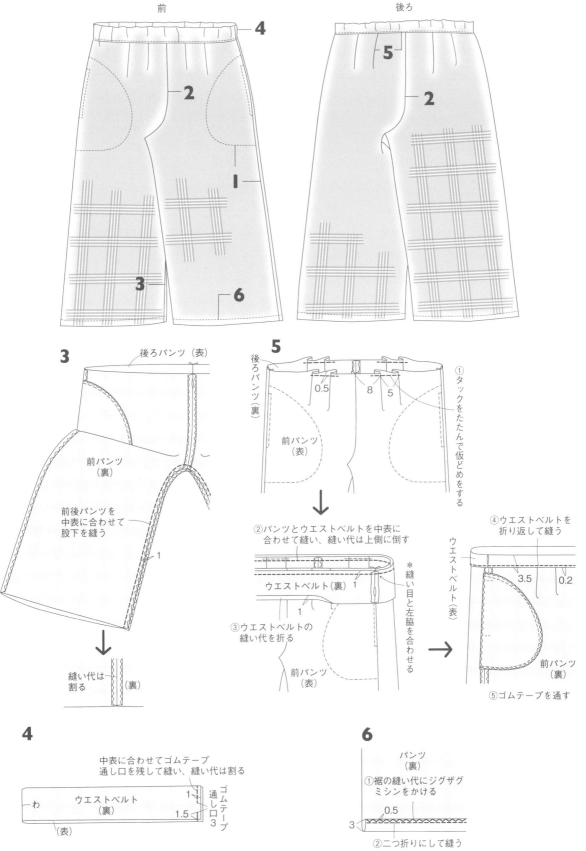

3

後ろパンツ（表）

前パンツ（裏）

前後パンツを
中表に合わせて
股下を縫う

1

縫い代は
割る

（裏）

5

後ろパンツ（裏）

0.5　　8　5

前パンツ（表）

①タックをたたんで仮どめをする

②パンツとウエストベルトを中表に
合わせて縫い、縫い代は上側に倒す

ウエストベルト（裏）1

＊縫い目と左脇を合わせる

③ウエストベルトの
縫い代を折る

前パンツ（表）

④ウエストベルトを
折り返して縫う

ウエストベルト（表）

3.5　　0.2

前パンツ（裏）

⑤ゴムテープを通す

4

中表に合わせてゴムテープ
通し口を残して縫い、縫い代は割る

わ　　ウエストベルト（裏）

1

1.5

ゴムテープ
通し口
3

（表）

6

パンツ（裏）

①裾の縫い代にジグザグ
ミシンをかける

0.5

3

②二つ折りにして縫う

18 タイトスカート

photo — p.22
level — ◆◇◇

布を筒状に縫ってウエストと裾の始末をするだけ。
脇は裾から25cm縫い残してスリットに。
スリットは左脇にしたり、
後ろ中心にしたり、ご自由に。

＊文中、図中の6つ並んだ数字は、サイズ
　S、M、L、XL、2XL、3XL。1つは共通

■出来上り寸法

ウエスト … 100、104、108、114、120、
　　　　　　124cm
スカート丈 … 80cm

■材料

布[ニット地] … 180cm幅90cm
ゴムテープ …
　2cm幅70、70、80、80、90、90cm

■作り方

1　左脇を縫い、裾とスリットを二つ折り
　にして縫う(図参照)
2　ウエストを二つ折りにして縫い、ゴム
　テープを通す(図参照)

■製図

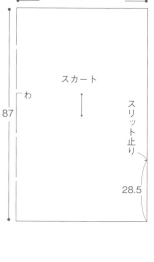

51.5、53.5、55.5、58.5、61.5、63.5

わ　87　スカート　スリット止り　28.5

■縫い方順序

2

1

■裁合せ図

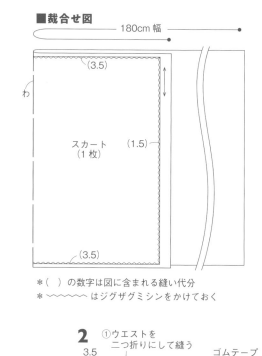

180cm幅

わ　(3.5)　スカート(1枚)　(1.5)　(3.5)

＊( )の数字は図に含まれる縫い代分
＊〜〜〜 はジグザグミシンをかけておく

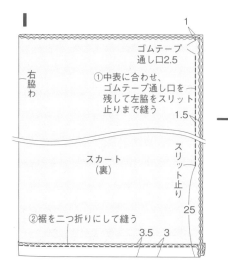

1

右脇わ

ゴムテープ通し口2.5

①中表に合わせ、ゴムテープ通し口を残して左脇をスリット止りまで縫う

1.5

スカート(裏)

スリット止り

25

②裾を二つ折りにして縫う

3.5　3

スカート(裏)

1
1.5

③脇の縫い代は割り、スリットを二つ折りにしてステッチをかける

2　①ウエストを二つ折りにして縫う

3.5　　　　ゴムテープ

3

②ゴムテープを通し、両端を2cm重ねて縫う

スカート(裏)

22 サルエルパンツ

photo — p.26
level — ◆◇◇

股上はゆったりしていて深く、
股下は短いのが特徴のサルエルパンツ。
ストレッチ素材で作ると
とにかく動きやすくて着心地も抜群。

＊文中、図中の6つ並んだ数字は、サイズ
　S、M、L、XL、2XL、3XL。1つは共通

■出来上り寸法

ウエスト … 92、96、100、106、112、
　　　　　　　116cm
パンツ丈 … 80cm

■材料

布［ストレッチ］… 156cm 幅 160cm
ゴムテープ …
　2.5cm 幅 70、70、80、80、90、90cm

■作り方

1　前後股上を縫い、縫い代は割る
2　股下を縫い、縫い代は割る
3　ウエストを二つ折りにして縫い、ゴム
　　テープを通す(p.62参照)
4　裾を二つ折りにして縫う(p.62参照)

■裁合せ図

← 156cm 幅 →

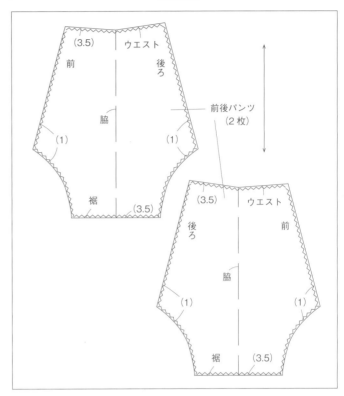

＊( ) の数字は図に含まれる縫い代
＊〜〜〜〜 はジグザグミシンをかけておく

■パターンの用意

＊▨は実物大パターン

■縫い方順序

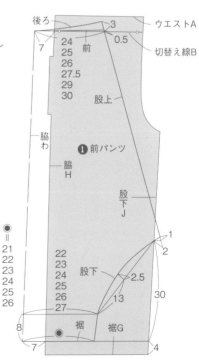

19 ラップスカート風パンツ

photo — p.23
level — ◆◆◆

前から見るとラップスカートのようですが、
実はパンツ。ラップ布1枚を脇で縫い込んでいます。
ラップはタブでとめているだけなので
後ろ側にすることもできます。

*文中、図中の6つ並んだ数字は、サイズS、M、L、XL、
　2XL、3XL。1つは共通

■出来上り寸法

ウエスト … 93、98、103、108、113、118cm

ヒップ … 103、108.5、113.5、119、124.5、130cm

パンツ丈 … 82、83、84、85、86、87cm

■材料

布[ストレッチウール] … 140cm幅220cm

ゴムテープ … 2.5cm幅70、70、80、80、90、90cm

Dカン … 2cm幅2個

■作り方

1 タブ、ひもを作る(図参照)

2 ラップ布を作る(図参照)

3 ラップ布、タブをはさんで脇を縫う(図参照)

4 前後股上を縫い、縫い代は割る(p.**75**参照)

5 股下を縫い、縫い代は割る(p.**61**参照)

6 ウエストを三つ折りにして縫い、ゴムテープを通す
　　(p.**36**参照)

7 ラップ布をよけて裾を二つ折りにして縫う
　　(p.**61**参照)

■裁合せ図

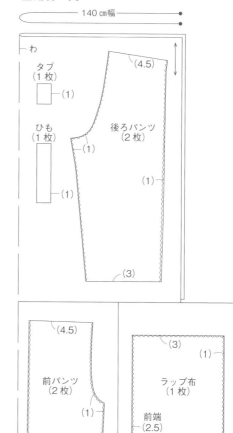

* ( )の数字は図に含まれる縫い代分
* 〜〜〜〜 はジグザグミシンをかけておく

1

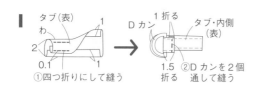

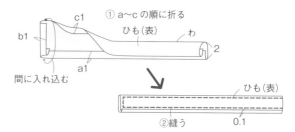

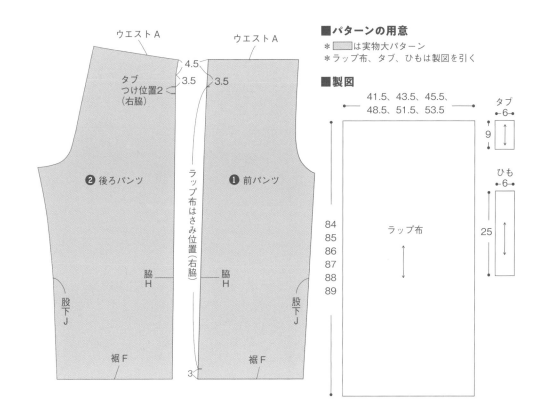

ウエストA　ウエストA

4.5
3.5　3.5

タブ
つけ位置2
(右脇)

❷ 後ろパンツ　❶ 前パンツ

ラップ布はさみ位置(右脇)

脇　脇
H　H

股下J　股下J

裾F　裾F

3

■パターンの用意
* ▨ は実物大パターン
* ラップ布、タブ、ひもは製図を引く

■製図

41.5、43.5、45.5、
48.5、51.5、53.5

84
85
86
87
88
89

ラップ布

タブ
6
9

ひも
6
25

■縫い方順序

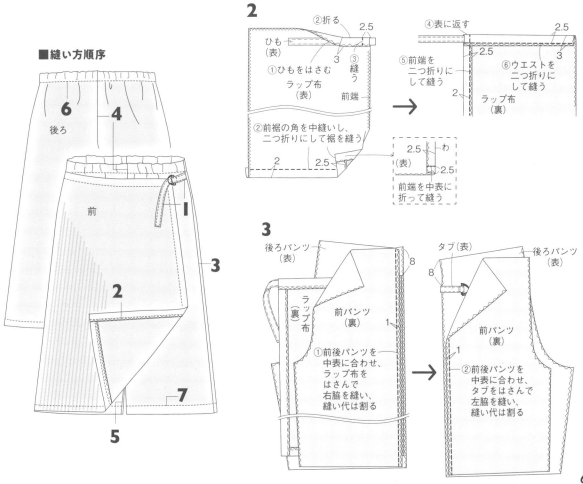

6　4
後ろ

前
3
2
7
5

2

ひも(表)
②折る　2.5
①ひもをはさむ　3　③縫う
ラップ布(表)　前端

②前裾の角を中縫いし、二つ折りにして裾を縫う
2　2.5

④表に返す　2.5
3
⑤前端を二つ折りにして縫う
2.5
⑥ウエストを二つ折りにして縫う
2　ラップ布(裏)

わ(表)　わ
2.5　2.5
前端を中表に折って縫う

3

後ろパンツ(表)
8
ラップ布(裏)
前パンツ(裏)　1
①前後パンツを中表に合わせ、ラップ布をはさんで右脇を縫い、縫い代を割る

タブ(表)　後ろパンツ(表)
8
前パンツ(裏)　1
②前後パンツを中表に合わせ、タブをはさんで左脇を縫い、縫い代は割る

20 まちつきイージーパンツ

photo — p.24
level — ◆◆◆

p.11のワイドパンツと同じシルエットで、
前に三角形のまちをつけたタイプ。
かわいいアクセントであるとともに
ファスナー代りのあきの役割もあります。

＊文中、図中の6つ並んだ数字は、サイズ S、M、L、XL、
　2XL、3XL。1つは共通

■出来上り寸法

ウエスト … 93、98、103、108、113、118cm
パンツ丈 … 88.5、89.5、90.5、91.5、92.5、93.5cm

■材料

布[ハーフリネンツイル] … 110cm幅230cm
ゴムテープ … 2.5cm幅66、70、76、82、88、92cm
ボタン … 直径1.8cm1個

■作り方

1 脇を縫い、脇ポケットを作る(p.35参照)

2 前股上を縫止りまで縫い、縫い代は割る(図参照)

3 まちを作り、前パンツと縫い合わせる(図参照)

4 後ろ股上を縫い、縫い代は右側に倒す
　　(p.35参照)

5 股下を縫い、縫い代は後ろ側に倒す(p.36参照)

6 ウエストにゴムテープを通して縫いとめ、ウエスト
　　を三つ折りにして縫う(図参照)

7 裾を三つ折りにして縫う(p.36参照)

8 ボタンホールを作り、ボタンをつける(図参照)

■裁合せ図

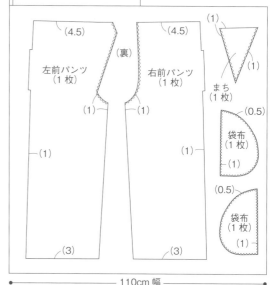

＊( )の数字は図に含まれる縫い代分
＊〜〜〜〜〜 はジグザグミシンをかけておく

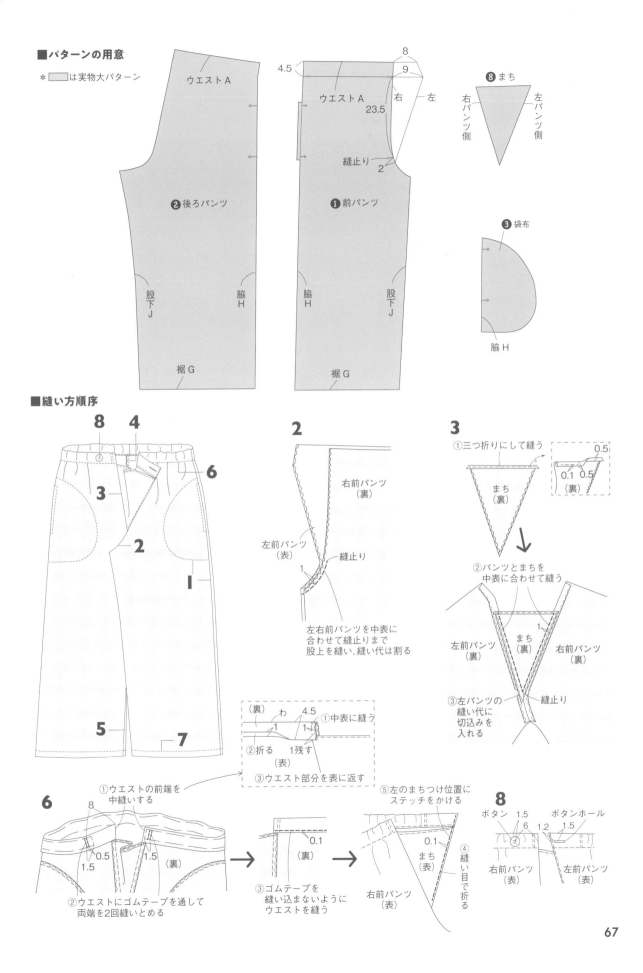

ガウチョパンツ

photo — **p.25**

level — ◆◆◇

中南米のガウチョと呼ばれるカウボーイが着ていたことが由来の、
ワイド、裾広がりなシルエット、7分丈が特徴のパンツ。
前にだけタックがあり、ベルトがつきます。

＊文中、図中の6つ並んだ数字は、サイズ S、M、L、XL、2XL、3XL。
　1つは共通

■出来上り寸法

ウエスト … 93、98、103、108、113、118cm

パンツ丈 … 82、83、84、85、86、87cm

■材料

布［ハーフリネンツイル］… 110cm 幅 250cm

ゴムテープ … 2.5cm 幅 70、70、80、80、90、90cm

■作り方

1 　前パンツのタックを縫う（図参照）

2 　前股上を縫い、縫い代は右パンツ側に倒す（図参照）

3 　前切替えベルトをつける（図参照）

4 　脇を縫い、脇ポケットを作る（p.**35** 参照）

5 　後ろ股上を縫い、縫い代は右パンツ側に倒す（p.**35** 参照）

6 　股下を縫い、縫い代は後ろ側に倒す（p.**36** 参照）

7 　ウエストを三つ折りにして縫い、ゴムテープを通す（p.**36**参照）

8 　裾を三つ折りにして縫う（p.**36**参照）

■裁合せ図

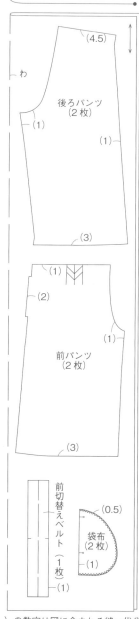

＊（　）の数字は図に含まれる縫い代分

＊ 〜〜〜〜 はジグザグミシンを
　　　　　かけておく

■パターンの用意

＊ ▨ は実物大パターン

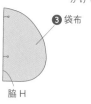

■縫い方順序

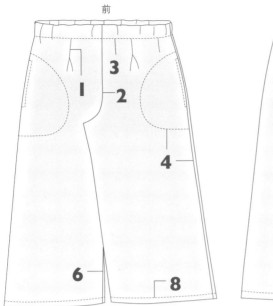

前

後ろ

I

①中表に折ってタックを縫う

6　3.5

縫止り

（表）

前パンツ（裏）

②タックを割る

前パンツ（裏）

2

右前パンツ（表）

1

①左右前パンツを中表に合わせ、股上を縫う

左前パンツ（裏）

②2枚一緒にジグザグミシンをかけ、縫い代は右パンツ側に倒す

3

前切替えベルト（表）

1

前パンツ（裏）

①前パンツと前切替えベルトを中表に合わせて縫う

②縫い代は前切替えベルト側に倒す

前切替えベルト（裏）

前パンツ（裏）

23 ペンギンパンツ

photo — **p.27**
level — ◆◇◇

ペンギンみたいに股下が極端に短くて、
その分股上が深くなっているユニークなデザイン。
個性的なファッションを楽しみたい人におすすめです。

＊文中、図中の6つ並んだ数字は、サイズ S、M、L、XL、
　2XL、3XL。1つは共通

■出来上り寸法

ウエスト … 93、98、103、108、113、118cm
パンツ丈 … 76、77、78、79、80、81cm

■材料

布［綿混紡ウール］… 102cm 幅 230cm
ゴムテープ … 2.5cm 幅 70、70、80、80、90、90cm

■作り方

1　脇を縫い、縫い代は後ろ側に倒す
2　ポケットを作り、つける（図参照）
3　前後股上を縫い、縫い代は右パンツ側に倒す
　　（p.**35** 参照）
4　股下を縫い、縫い代は後ろ側に倒す（p.**36** 参照）
5　ウエストを三つ折りにして縫い、ゴムテープを通す
　　（p.**36** 参照）
6　裾を三つ折りにして縫う（p.**36** 参照）

■裁合せ図

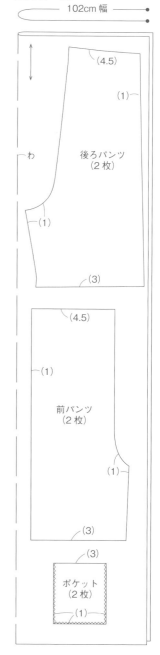

102cm 幅

（4.5）
（1）
わ
後ろパンツ
（2枚）
（1）
（3）

（4.5）
（1）
前パンツ
（2枚）
（1）
（3）

（3）
ポケット
（2枚）
（1）

＊（　）の数字は図に含まれる縫い代分
＊〰〰〰〰 はジグザグミシンをかけておく

■パターンの用意

* ▢ は実物大パターン
* ポケットは製図を引く。6サイズ共通

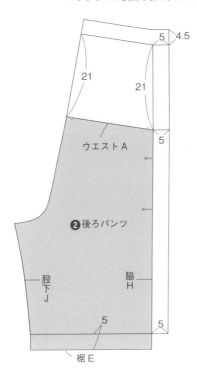

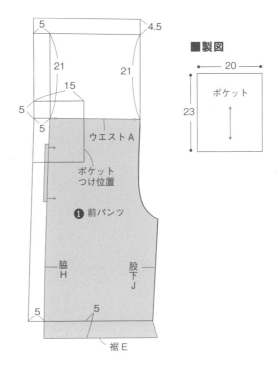

■製図

ポケット
20
23

■縫い方順序

2

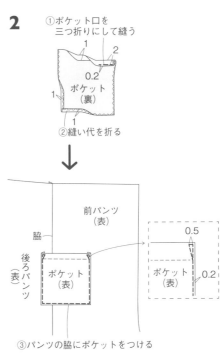

①ポケット口を
　三つ折りにして縫う

0.2
ポケット
（裏）

②縫い代を折る

前パンツ
（表）

脇

後ろパンツ
（表）

ポケット
（表）

0.5

ポケット
（表）

0.2

③パンツの脇にポケットをつける

24 ヨークのラップスカート

photo — p.28
level — ◆◆◆

ヨークとスカートを異素材にしたラップ式スカート。
ヨーク切替えはウエストがすっきり見えるのがいいところ。
ボタンをずらしてとめてもすてきです。

＊文中、図中の6つ並んだ数字は、サイズS、M、L、
　XL、2XL、3XL。1つは共通

■出来上り寸法

ウエスト … 69、74、79、84、89、94cm
スカート丈 … 70cm

■材料

布［綿麻チェック］… 108cm幅60cm
布［綿麻ギンガム］… 110cm幅210cm
接着芯 … 90cm幅30cm
スナップ … 直径1.5cm 3組み

■作り方

1　ヨークを作る（図参照）
2　スカートを作る（図参照）
3　ヨークとスカートを縫い合わせる（図参照）
4　スナップをつける

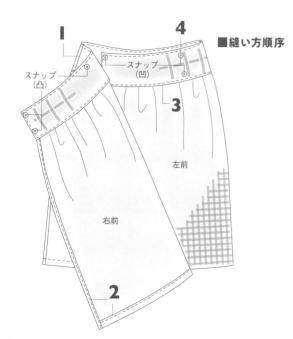

■縫い方順序

■裁合せ図

［綿麻チェック］

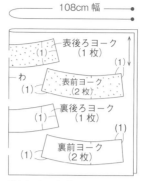

← 108cm幅 →

表後ろヨーク（1枚）
わ（1）
表前ヨーク（2枚）
裏後ろヨーク（1枚）
裏前ヨーク（2枚）
（1）

［綿麻ギンガム］

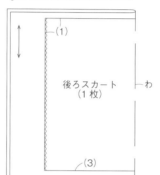

← 110cm幅 →

後ろスカート（1枚） ← わ
（1）
（3）

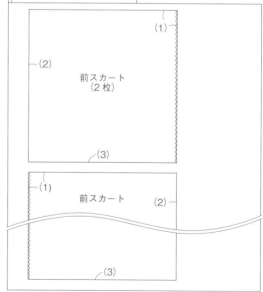

（1）
前スカート（2枚）
（2）
（3）

（1）
前スカート
（2）
（3）

← 110cm幅 →

＊（　）の数字は図に含まれる縫い代分
＊〜〜〜〜 はジグザグミシンをかけておく
＊:::::: は接着芯

■パターンの用意

* ▨は実物大パターン
* 前スカート、後ろスカートは製図を引く

■製図

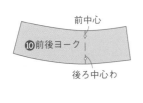

⑩前後ヨーク
前中心
後ろ中心わ

← 37、39、41、44、47、49 →

ギャザー

後ろスカート

後ろ中心わ

64

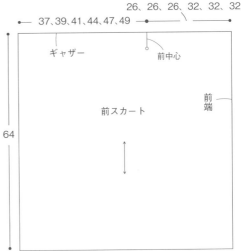

26、26、26、32、32、32

← 37、39、41、44、47、49 →

ギャザー

前中心

前スカート

前端

64

1

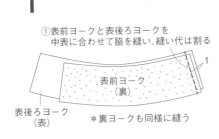

①表前ヨークと表後ろヨークを
中表に合わせて脇を縫い、縫い代は割る

表前ヨーク（裏）

表後ろヨーク（表）

＊裏ヨークも同様に縫う

1

→

③表ヨークと裏ヨークを
中表に合わせて縫う

角をカット

表ヨーク（表）

1

裏ヨーク（裏）

1

②裏ヨークのつけ側を折る　④表に返す

2

④ヨークつけ側にギャザーミシンを2本かけ、
つけ寸法に合わせてギャザーを寄せる

③前端を三つ折りにして縫う

0.2

1

1

0.8　0.5

（裏）

①前スカートと
後ろスカートを
中表に合わせて
脇を縫い、
縫い代は割る

スカート（裏）

1

1

2　0.2

②裾を三つ折りにして縫う

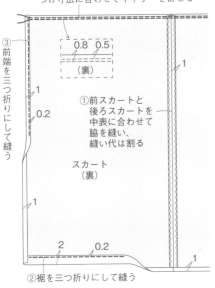

3

①スカートと表ヨークを
中表に合わせて縫い、
縫い代はヨーク側に倒す

表ヨーク（裏）

1

裏ヨーク（表）

裏ヨークはよける

スカート（表）

↓

②ヨークを表に返して
表からステッチをかける

表ヨーク（表）

0.5

スカート（表）

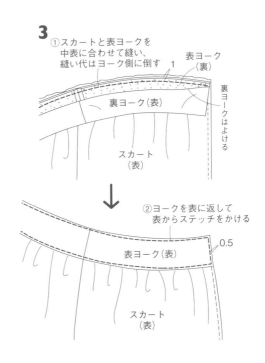

ダブル裾のワイドパンツ

photo ― p.29
level ― ◆◆◇

■裁合せ図

p.11のパンツと同型で、
これは裾に幅広い折り返しをつけたメンズライクなパンツ。
きちんと感があるので上質な布で作りたい一着。

＊文中、図中の6つ並んだ数字は、サイズS、M、L、XL、
　2XL、3XL。1つは共通

■出来上り寸法

ウエスト … 93、98、103、108、113、118cm
パンツ丈 … 88.5、89.5、90.5、91.5、92.5、93.5cm

■材料

布［サージ］… 110cm幅260cm
ゴムテープ … 2.5cm幅70、70、80、80、90、90cm

■作り方

1 脇を縫い、脇ポケットを作る（図参照）

2 前後股上を縫い、縫い代は割る（図参照）

3 股下を縫い、縫い代は割る（p.61参照）

4 ウエストを三つ折りにして縫い、ゴムテープを通す
　　（p.36参照）

5 裾を三つ折りにして縫い、裾山を表に折り返す
　　（図参照）

■縫い方順序

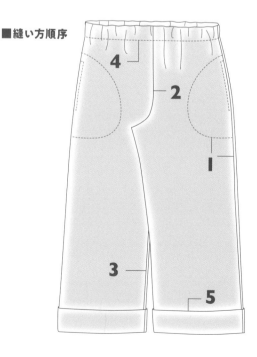

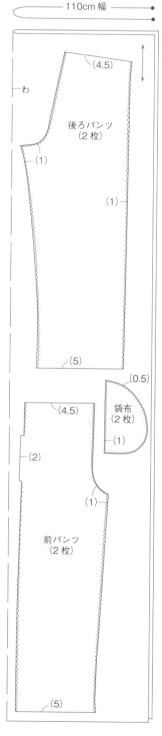

110cm幅

わ

後ろパンツ
（2枚）

(4.5)

(1)

(1)

(5)

(0.5)

袋布
（2枚）

(1)

(4.5)

(2)

(1)

前パンツ
（2枚）

(1)

(5)

＊（　）の数字は図に含まれる縫い代分
＊〜〜〜〜 はジグザグミシンをかけておく

■パターンの用意

＊ [ ] は実物大パターン

❸ 袋布

脇 H

ウエストA

❷ 後ろパンツ

股下 J

脇 H

裾 G

裾山 ⎸ 7

裾線 ⎸ 7

5

ウエストA

❶ 前パンツ

脇 H

股下 J

裾 G

裾山 ⎸ 7

裾線 ⎸ 7

5

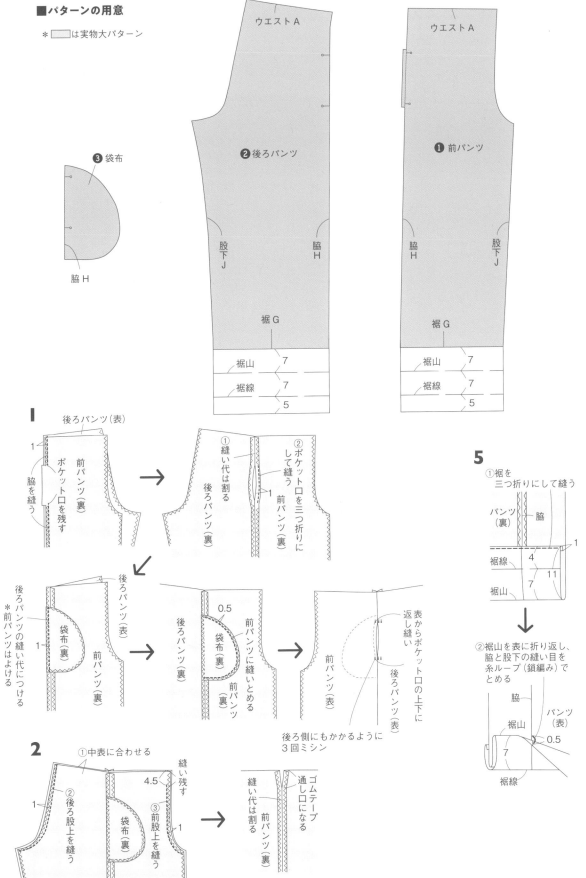

1

後ろパンツ（表）

1

脇を縫う

前パンツ（裏）

ポケット口を残す

①縫い代は割る

②ポケット口を三つ折りにして縫う

後ろパンツ（裏）

前パンツ（裏）

1

後ろパンツ（表）

後ろパンツの縫い代につける
＊前パンツはよける

袋布（裏）

前パンツ（裏）

後ろパンツ（表）

0.5

袋布（裏）

前パンツに縫いとめる

後ろパンツ（裏）

前パンツ（裏）

表からポケット口の上下に返し縫い

前パンツ（表）

後ろパンツ（表）

後ろ側にもかかるように3回ミシン

2

①中表に合わせる

縫い残す

4.5

1

②後ろ股上を縫う

袋布（裏）

③前股上を縫う

1

ゴムテープ通し口になる

縫い代は割る

前パンツ（裏）

5

①裾を三つ折りにして縫う

パンツ（裏）

脇

1

裾線 4

裾山 7 11

②裾山を表に折り返し、脇と股下の縫い目を糸ループ（鎖編み）でとめる

脇

裾山

パンツ（表）

0.5

7

裾線

75

26 裾タックのワイドパンツ

photo — p.30
level — ◆◆◆

p.11のパンツと同型で、裾にタックをたたんで
きゅっとすぼめた形にしたパンツ。
ゴム仕様ではなくタックにしたことで
おしゃれ感がぐんとアップ。

＊文中、図中の6つ並んだ数字は、サイズ S、M、L、XL、
　2XL、3XL。1つは共通

■出来上り寸法

ウエスト … 93、98、103、108、113、118cm
パンツ丈 … 88.5、89.5、90.5、91.5、92.5、93.5cm

■材料

布[ハーフリネンツイル] … 110cm幅230cm
ゴムテープ … 2.5cm幅70、70、80、80、90、90cm

■作り方

1　脇を縫い、脇ポケットを作る(p.75参照)
2　前後股上を縫い、縫い代は割る(p.75参照)
3　股下を縫い、縫い代は割る(p.61参照)
4　ウエストを三つ折りにして縫い、ゴムテープを
　通す(p.36参照)
5　裾のタックを縫い、三つ折りにして縫う
　(図参照)

■裁合せ図

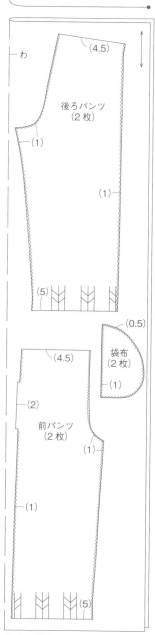

＊( )の数字は図に含まれる縫い代分
＊〜〜〜 はジグザグミシンをかけておく

■パターンの用意

＊ 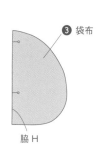 は実物大パターン

❸ 袋布

脇 H

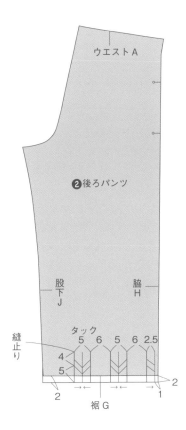

ウエストA

❷ 後ろパンツ

股下 J　　脇 H

縫止り

タック

5　6　5　6　2.5

4

5

2

2　　裾 G

ウエストA

❶ 前パンツ

脇 H　　股下 J

タック

2.5 6　5　6　5

4

5

縫止り

1　　裾 G　　2

■縫い方順序

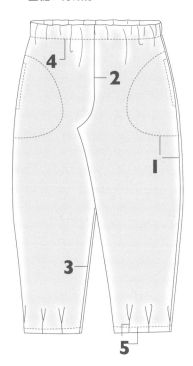

4

2

I

3

5

5

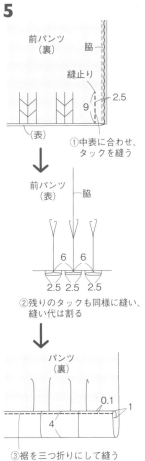

前パンツ（裏）　　脇

縫止り

9　　2.5

（表）

①中表に合わせ、タックを縫う

前パンツ（表）　　脇

6　6

2.5　2.5　2.5

②残りのタックも同様に縫い、縫い代は割る

パンツ（裏）

0.1

1

4

③裾を三つ折りにして縫う

27 バギーパンツ

photo — p.31
level — ◆◇◇

p.5 のパンツと同型でコーデュロイで作ったもの。
p.5 は春夏向け、こちらは秋冬向けで
「布を替えるとこんなに変わる」という一例です。
ベルトができるようにベルト通しをつけました。

＊文中、図中の 6 つ並んだ数字は、サイズ S、M、L、XL、
　2XL、3XL。1 つは共通

■出来上り寸法

ウエスト … 93、98、103、108、113、118cm
パンツ丈 … 88.5、89.5、90.5、91.5、92.5、93.5cm

■材料

布[コーデュロイ] … 118cm 幅 220cm
ゴムテープ … 2.5cm 幅 70、70、80、80、90、90cm

■作り方

1 脇を縫い、脇ポケットを作る(p.75 参照)
2 前後股上を縫い、縫い代は割る(p.75 参照)
3 股下を縫い、縫い代は割る(p.61 参照)
4 ウエストを二つ折りにして縫う(図参照)
5 ベルト通しを作ってパンツに縫いつけ、ゴムテープ
　を通す(図参照)
6 裾を三つ折りにして縫う(p.36 参照)

■パターンの用意

＊▢ は実物大パターン
＊ベルト通しは製図を引く

❸袋布
脇 H

ウエスト A
1　1　8.5
(左)　　4.5
　　5
ベルト通し
つけ位置
❷後ろパンツ
股下 J
脇 H
裾 G
6
3

1　12　4.5
　　5
ベルト通し
つけ位置
❶ 前パンツ
股下 I
脇 H
裾 G
6
3

■裁合せ図

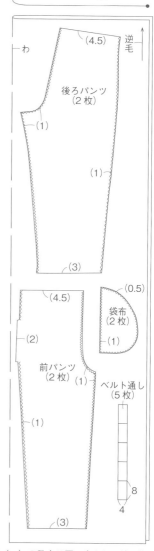

← 118cm幅 →
わ　　(4.5)　逆毛
後ろパンツ
(2 枚)
(1)
(1)
(3)

(0.5)
袋布
(2 枚)
(1)

(4.5)
(2)
前パンツ
(2 枚)　(1)
(1)
(3)

ベルト通し
(5 枚)
8
4

＊( ) の数字は図に含まれる縫い代分
＊〜〜〜〜 はジグザグミシンをかけておく

■製図

ベルト通し
4
8

■縫い方順序

前   後ろ

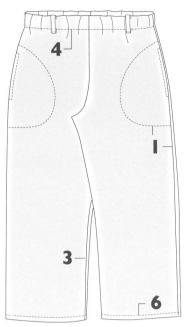

4

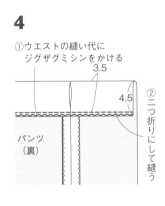

① ウエストの縫い代に
ジグザグミシンをかける

3.5

4.5

② 二つ折りにして縫う

パンツ（裏）

5

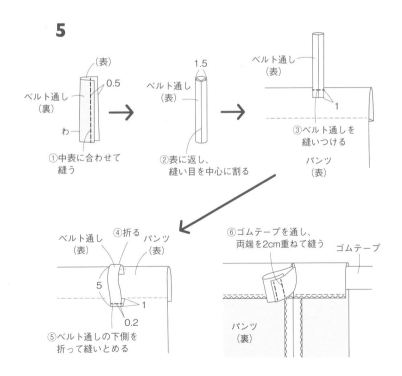

（表）

ベルト通し（裏）

0.5

わ

① 中表に合わせて縫う

ベルト通し（表）

1.5

② 表に返し、縫い目を中心に割る

ベルト通し（表）

1

③ ベルト通しを縫いつける

パンツ（表）

ベルト通し（表）

④ 折る

パンツ（表）

5

1

0.2

⑤ ベルト通しの下側を折って縫いとめる

⑥ ゴムテープを通し、両端を2cm重ねて縫う

ゴムテープ

パンツ（裏）

ブックデザイン …… わたなべひろこ (Hiroko Book Design)
撮影 ………………… 加藤新作
スタイリング ……… 南雲久美子
ヘア＆メイク ……… 梅沢優子
モデル ……………… 横田美憧
プロセス撮影 ……… 安田如水 (文化出版局)
製作協力 …………… 湯本美江子　組谷慶子
作り方元図 ………… 今 寿子
トレース …………… 西田千尋
パターントレース …… 上野和博
校閲 ………………… 向井雅子
編集 ………………… 堀江友恵　大沢洋子 (文化出版局)

月居良子の
一年中の
パンツ & スカート

自分サイズを切りとって使う
縫い代つき実物大パターン6サイズ

2021年11月8日　第1刷発行

著 者　　月居良子
発行者　　濱田勝宏
発行所　　学校法人文化学園 文化出版局
　　　　　〒151-8524 東京都渋谷区代々木 3-22-1
　　　　　☎ 03-3299-2489 (編集)
　　　　　　 03-3299-2540 (営業)
印刷・製本所　株式会社文化カラー印刷

©Yoshiko Tsukiori 2021　Printed in Japan

文化出版局のホームページ　http://books.bunka.ac.jp/

月居 良子　つきおり よしこ

デザイナー。「シンプルなのに着ると立体的で美しい」と日本はもちろんフランスや北欧にも広くファンがいて人気を得ている。主な著書に『おんなのこのよそいきドレス』『フォーマル＆リトルブラックドレス』『愛情いっぱい 手作りの赤ちゃん服』『手作りドレスでウェディング』（すべて文化出版局）などがある。

[同時発売]

月居良子の一年中の
トップス & ワンピース

自分サイズを切りとって使う
縫い代つき実物大パターン6サイズ

ブラウス、チュニック、
ジャケット、コート、パーカー、
シャツワンピ etc.……27点

本書 p.7、8、10、16、20、25、26 でコーディネートに使用したトップスは、こちらの本の掲載作品です。

布提供 ………………………

清原
http://www.kiyohara.co.jp/store/
(p.4-01、9-06、12-09、24-20、25-21、30-26)

Faux & Cathet Inc.
http://www.fauxandcathetinc.com/
(p.5-02、11-08、17-13、21-17)

Fabric-store
http://www.fabric-store.jp/
(p.6-03の4種類、7-04、8-05、10-07、14-11、18-14、19-15、20-16のチェック、22-18、27-23、28-24のヨーク分)

撮影協力 ………………………

CAMPER
☎ 03-5412-1844
(p.5のミュール、p.26のサンダル)

SARAHWEAR
☎ 03-5464-0757
(p.4のシャツ)

SHOE & SEWN
☎ 078-881-0806
(p.21、22、24、25、27、31の靴)

そのみつ
☎ 03-3823-7178
(p.9、19の靴)

ダイアナ（ダイアナ銀座本店）
☎ 03-3573-4005
(p.23のブーツ)

dansko en … (Tokyo Aoyama)
☎ 03-3486-7337
(p.10のサンダル、p.28のサボ)

nest Robe 表参道店
☎ 03-6438-0717
(p.9のブラウス、p.13、18のTシャツ)

Pas de calais 六本木
☎ 03-6455-5570
(p.24のシャツ、p.27、30のカットソー)

Paraboot AOYAMA
☎ 03-5766-6688
(p.4、20、29の靴)

plus by chausser
☎ 03-3716-2983
(p.13のサンダル、p.16の靴)

ムーンスターカスタマーセンター
☎ 0800-800-1792
(p.7、14のスニーカー)

＊撮影協力 …… TITLES